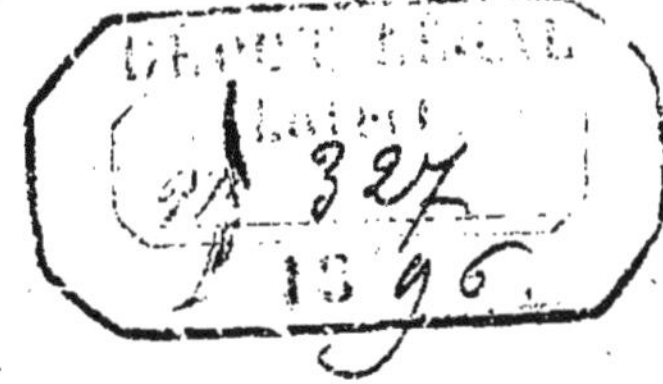

AF319004

ÉTUDE

SUR

LA LÉGISLATION CHARITABLE

EN HOLLANDE

PAR

LÉON LALLEMAND

Correspondant de l'Institut de France ;
Associé de l'Académie royale de Belgique ;
Correspondant de l'Académie royale des sciences morales et politiques d'Espagne
de l'Académie royale de Portugal,
de la Société royale le Parnasse d'Athènes ;
Membre honoraire de l'Institut grand ducal de Luxembourg
et de l'Institut canadien de Québec.

PARIS

ALPHONSE PICARD ET FILS, ÉDITEURS

82, RUE BONAPARTE, 82

1896

ÉTUDE

SUR

LA LÉGISLATION CHARITABLE

EN HOLLANDE

PAR

LÉON LALLEMAND

Correspondant de l'Institut de France ;
Associé de l'Académie royale de Belgique ;
Correspondant de l'Académie royale des sciences morales et politiques d'Espagne
de l'Académie royale de Portugal,
de la Société royale le Parnasse d'Athènes ;
Membre honoraire de l'Institut grand ducal de Luxembourg
et de l'Institut canadien de Québec.

PARIS

ALPHONSE PICARD ET FILS, ÉDITEURS

82, RUE BONAPARTE, 82

1896

EXTRAIT DU COMPTE RENDU

De l'Académie des sciences morales et politiques

((INSTITUT DE FRANCE)

PAR MM. HENRY VERGÉ ET P. DE BOUTAREL

Sous la direction de M. le Secrétaire perpétuel de l'Académie

---

ÉTUDE

SUR

LA LÉGISLATION CHARITABLE

EN HOLLANDE.

« Il y a avantage, écrivait, en 1876, un inspecteur du *Local Government Board* d'Angleterre, à se rendre un compte exact de la manière dont cette grave question du soulagement des pauvres a été résolue par le peuple néerlandais, aussi remarquable par son esprit d'humanité que par son sens pratique des affaires (1). » Nous avons donc cru utile de présenter à l'Académie un court résumé de la législation des Pays-Bas en matière d'assistance et, afin de fournir sur cet important sujet des renseignements précis, c'est en Hollande que nous avons recueilli les notes qui forment la base de notre modeste travail (2).

(1) Poor law in foreign Countries. Report prepared by Walter. J. Sendall ; Esq. (Local government board Inspector), on the laws relating to the relief of the poor in Holland. Presented to both Houses of Parliament. In-8° 29 p. London Eyre and Spottiswoode 1876.

(2) Nous tenons à remercier ici toutes les personnes qui ont bien voulu faciliter notre enquête en nous prodiguant, verbalement ou par lettres, les trésors de leur expérience en matière de droit et de charité. Nous adresserons particulièrement l'hommage de notre gratitude à MM. Van Waterschoot Van der Gracht, Van der Biesen, J.-G. Schölvinck, Joan Bohl, Josephus Jitta, J.-A. Lévy (Amsterdam). Au

I

LA LÉGISLATION

La législation actuelle du royaume qui nous occupe fait reposer la bienfaisance sur les institutions libres et assigne aux administrations communales et à l'État un rôle subsidiaire subordonné à l'action de la charité privée. La loi du 28 juin 1854 constituait à ce point de vue un règlement complet posant en principe que personne n'a droit à l'assistance, le soulagement des nécessiteux étant un devoir moral, un devoir religieux et non une obligation civile (1). Mais l'application de règles étroites du domicile de secours et les remboursements imposés à de nombreuses communes rurales pour des individus qui ne leur appartenaient plus, ayant donné lieu à mille difficultés, une nouvelle loi du 1er juin 1870 modifia la législation en retranchant les dispositions relatives au domicile de naissance; les indigents peuvent maintenant être assistés dans la localité de leur résidence au moment où l'on constate le besoin de leur venir en aide.

« Ce système, dit l'exposé des motifs (2), fait disparaître

Rév. P. Em. Solvyns et à M. G. Tripels (Maestricht). A MM. J.-A. Mulder, W.-J. Wintgens (La Haye), H.-L. Drucker (Leyde), Molengraaff (Utrecht).

(1) Loi présentée au Parlement le 3 décembre 1853. Voir le résumé de la discussion dans l'ouvrage de M. le chanoine de Haerne : *Tableau de la charité chrétienne en Belgique,* in-8°, 129, 82, 13, 70 p., 14 tableaux. Bruxelles, Fonteyn, 1857. 2e partie, p. 12 à 43.

(2) Session de 1869-1870. Modification de la loi du 28 juin 1854, réglant l'administration de la bienfaisance. Projet de loi n° 2. Mémoire explicatif n° 3. Traduction française, p. 32 à 46 de l'ouvrage belge intitulé : *Loi du 14 mars 1876 sur le domicile de secours. Documents parlementaires,* in-8°, 519 p. Bruxelles, imprimerie du *Moniteur belge,* 1876.

toutes difficultés et est appelé à réaliser de grandes simplifi-
cations. En général, le lieu de résidence se confondra avec le
domicile réel, et, ainsi, la relation désirée entre le pauvre et
la commune dont l'administration doit le secourir en cas
d'absolue nécessité existera..... Par ce projet, continue
l'exposé des motifs, le gouvernement fait un appel à la raison
du peuple et aux efforts de toutes les administrations eccle-
siastiques et privées qui répandent les dons de la charite
libre. »

Voici le résumé des dispositions combinées des lois de
1854 et 1870 (1).

Art. 1er. Les établissements de bienfaisance sont ceux qui
ont constamment pour but de secourir les pauvres, soit à
domicile, soit dans l'intérieur des asiles ; la loi n'est pas
applicable aux institutions uniquement destinées à prévenir
la misère (monts-de-piété, caisses d'épargne, sociétés pour la
construction de maisons ouvrières, etc.). On distingue (art. 2)
a) les établissements de l'État, de la province ou de la commune, organisés par l'autorité civile et administrés en son
nom.

b) Les établissements d'une communauté ecclésiastique,
destinés aux pauvres d'un culte déterminé, organisés et administrés par cette communauté.

c) Les établissements organisés et administrés par des
personnes spéciales ou des associations non ecclésiastiques.

d) Les établissements d'un genre mixte.

Art. 6. Les États-Députés (2) s'assurent que les règlements

---

(1) *Code politique des Pays-Bas,* traduit (en français) et annoté par
Me G. Tripels, avocat à Maestricht. In-8°, VII, 296 p. 1889. Paris,
Pedone-Lauriel.

(2) Les collèges des États-Députés forment les commissions perma-
nentes des États-Provinciaux ; ces collèges, composés de 6 membres,
élus par leurs collègues, siègent sous la présidence d'un commissaire
nommé par le Roi. Loi provinciale du 6 juillet 1850, art. 45-91. (Tripels,
ut suprà, p. 123-128).

des établissements communaux contiennent les prescriptions nécessaires pour obtenir une administration régulière (1).

Art. 10. En vertu de la loi constitutionnelle (2), les administrateurs de tous les établissements de bienfaisance font annuellement, et sous peine d'amende, communication au gouvernement du nombre des personnes secourues, du montant de leurs recettes et dépenses (3).

Art. 20. L'assistance des pauvres est laissée aux établissements de bienfaisance religieux et privés...

(1) Art. 8. Tous les hôpitaux et maisons de travail qui ne sont pas établis par l'autorité de l'État ou de la Province, et qui font partie des établissements mentionnés aux §§ a) et d) de l'art. 2, sont soumis au contrôle de l'administration communale..... Art. 9. Si le but d'un établissement de bienfaisance n'existe plus, l'emploi de ses biens est réglé de manière à atteindre une autre affectation, aussi rapprochée que possible de sa dernière destination. Cet emploi est déterminé à l'égard : 1° des établissements de la commune, par le Conseil communal ; 2° des établissements d'une Communauté ecclésiastique, par les autorités ecclésiastiques compétentes ; 3° des établissements particuliers, par les fondateurs, leurs héritiers ; à leur défaut, par les administrateurs, sous réserve, dans ce dernier cas, de l'approbation royale ; 4° des établissements d'un genre mixte, par le Conseil communal et l'administration ecclésiastique ou particulière compétente, d'un commun accord et avec approbation des États-Députés.

(2) Loi fondamentale du Royaume, art. 193 (195'). « Le service de l'assistance publique est l'objet de la constante sollicitude du Gouvernement, et est réglé par la Loi. Le Roi fait présenter annuellement aux États-Généraux un rapport détaillé sur les mesures prises à cet égard ». (Tripels, *ut suprà*, p. 31).

(3) « Art. 13. Les quêtes publiques de fonds au profit des établissements de bienfaisance par voie de collecte, de souscription ou de toute autre manière, ne seront tolérées que si au moins trois fois vingt-quatre heures avant de les faire l'administration communale en est informée par écrit..... Le présent article n'est pas applicable aux collectes faites dans les églises, lors de l'exercice du culte public, et au domicile des membres d'une Communauté religieuse au profit de cette Communauté. »

Art. 21. Il est interdit à toute administration civile d'assister les pauvres, si elle ne s'est préalablement, et autant que possible, assurée qu'ils ne peuvent obtenir le secours des établissements religieux ou privés et dans ce cas seulement s'il y a nécessité absolue (1).

Art. 49-53. Les établissements d'assistance peuvent exercer un recours contre l'individu secouru et les personnes tenues, d'après le Code civil, de lui fournir des aliments.

Art. 59-61. Tout subside alloué par une commune à un établissement doit faire l'objet d'un arrêté motivé du Conseil communal. Ces arrêtés sont communiqués, dans la huitaine, aux États-Députés chargés de veiller à ce qu'il ne puisse être accordé de subventions de cette nature qu'en cas de véritable nécessité.

Telles sont les grandes lignes de la loi; ainsi que le disait M. Baumhauer, au Congrès international de bienfaisance,

(1) Art. 26. Les frais résultant du transport et de l'entretien des aliénés pauvres dans les asiles qui leur sont destinés, s'ils ne peuvent être supportés par des fondations spéciales, ou s'il n'y est point pourvu par l'assistance religieuse ou privée, sont payés sur les fonds des communes où ces aliénés ont leur domicile. A défaut de domicile connu dans le Royaume, le Trésor public supporte ces frais. Les dépenses d'entretien dans les prisons des enfants pauvres qui ne peuvent être séparés de leurs parents détenus, sont imputées sur les fonds servant déjà à l'entretien des parents. Art. 66. Il en est de même pour les individus placés aux dépôts de mendicité.

L'État s'occupe des aliénés à titre de gardien de l'ordre public. En vertu de la loi du 27 avril 1884 (*Annuaire : Législation étrangère*, 14e année, 1885, p. 507 et suivantes), la surveillance n'est plus restreinte aux aliénés traités dans les asiles, elle s'étend à tous, sauf à ceux qui sont soignés chez eux ou chez leur père, mère ou époux. Cette surveillance est exercée au moyen de deux inspecteurs, la création de tout établissement affecté à cette catégorie de malades étant subordonnée à l'autorisation royale. Dans certaines circonstances, l'État peut aussi accorder aux communes un subside annuel de 40 florins par aliéné, à condition que la Province alloue une somme égale.

tenu à Londres, en 1862. « La législation hollandaise, lorsqu'elle attribue, en première ligne, le soin de soulager et de prévenir l'indigence aux particuliers, aux associations et aux corporations religieuses, a proclamé un principe auquel nous devons applaudir sans réserve. L'État n'a d'autre mission, en matière de charité, que de maintenir et de garantir la liberté... (1) »

Quant aux associations, M. Louis Legrand résume en ces termes les règles libérales qui leur sont applicables (2). « La constitution de 1848 ayant proclamé la liberté d'association et de réunion dans les limites tracées par la loi, une loi du 22 avril 1855 est venue régler l'exercice de ce droit. Aucune autorisation n'est requise pour établir une association quel qu'en soit l'objet (3).

L'association reconnue jouit de la personnalité civile (4). La reconnaissance doit être accordée par une loi si l'association est établie pour un temps indéterminé ou pour plus de trente ans ; au-dessous de cette durée, un arrêté royal suffit (5)..... La reconnaissance résulte de l'approbation des statuts et règlements. »

(1) *Congrès international de bienfaisance de Londres*, session de 1862. 2 vol. in-8°, 1863 (tome 1ᵉʳ, p. 198-202).

(2) Les conditions du travail dans les Pays-Bas, rapport adressé au ministre des affaires étrangères par Louis Legrand, ministre plénipotentiaire. In-8°, 175 p. Berger-Levrault, 1890 (p. 75 et suivantes).

(3) « Une seule exception est faite pour les étrangers ne résidant pas dans le Royaume, lesquels ne peuvent être membres d'associations politiques..... » L'association contraire à l'ordre public ou aux bonnes mœurs est prohibée.

(4) Les articles 1690 et suivants du Code civil s'appliquent aux corps moraux.

(5) « Il est à remarquer, dit M. A.-J. Farncombe-Sanders (Note sur les dispositions législatives qui régissent les Sociétés de secours mutuels aux Pays-Bas. In-4°, 1878, p 13), que jusqu'ici on a tellement redouté les longueurs et les complications de l'action législative, qu'on a toujours fondé l'association pour moins de 30 ans, sauf à demander une pro-

Pour compléter le tableau, il importe de mentionner le soin jaloux avec lequel les législateurs exonèrent de taxes les établissements consacrés au soulagement des pauvres. D'après la loi du 27 septembre 1892, l'impôt général sur la fortune ne comprend pas les corps moraux, et la loi du 2 octobre 1893 (impôt sur les revenus professionnels) exempte (art. 8) : « les bénéfices des fondations résultant de, ou relatifs à l'enseignement, l'assistance des indigents, les secours aux malades et infirmes, l'amélioration morale, ainsi que les bénéfices réalisés par des fondations ayant pour but de fournir aux nécessiteux des aliments, logement, pension, secours médicaux, enterrement ou frais funéraires (1). »

II

APPLICATION DE LA LÉGISLATION.

Ces principes généraux une fois posés, il convient d'examiner comment les particuliers et les communautés peuvent en tirer parti. Nous nous occuperons seulement des institutions charitables, laissant de côté les associations ouvrières extrêmement multipliées, « car les ouvriers hollandais ont le goût de l'association comme ils en ont la liberté, écrit M. Louis Legrand (*ut suprà*, p. 107); aussi la pratiquent-ils très largement. Dénombrer toutes les sociétés qu'ils ont fondées ou qui se sont formées dans leur intérêt, composerait une tâche énorme et difficile. »

longation ou à reconstituer une nouvelle association plus tard. » Cette loi de 1855 ne s'applique pas aux sociétés civiles, ni aux sociétés anonymes. Une loi spéciale, du 17 novembre 1876, s'occupe des sociétés coopératives. (*Annuaire de Législation étrangère*, 6e année, 1877, p. 531 et suivantes.)

(1) Ces lois sont entrées en vigueur le 1er mai des années 1893 et 1894. Les textes sont traduits intégralement dans le *Bulletin de statis-*

Les personnes désireuses de créer une œuvre d'assistance : société pour la visite des pauvres à domicile, établissement hospitalier, asile, orphelinat, dispensaire, etc., ont le choix entre deux moyens parfaitement légaux ; 1° constituer une association et en soumettre les statuts à l'approbation gouvernementale ; 2° faire une fondation particulière ou collective, par acte notarié passé devant deux témoins, sans aucune formule sacramentelle (1).

Dans cet acte, les fondateurs affectent une partie déterminée de leurs biens (meubles et immeubles) au service de l'institution et désignent les Régents ; le collège des Régents devant, selon certaines règles, combler lui-même les vides que la mort ou les démissions amèneraient par la suite. Une fois les statuts de l'association approuvés, ou, s'il s'agit d'une fondation, aussitôt l'acte enregistré, l'œuvre acquiert *de*

tique et de législation comparée du Ministère des finances, 1ᵉʳ semestre 1893, p. 396 et suivantes, 1ᵉʳ semestre 1894, p. 555 et suivantes. Notons encore au point de vue social : 1° Les lois des 19 septembre 1874 et et 5 mai 1889 établissant quelques mesures concernant le travail des enfants et des femmes. (*Ann. Législ. étrangère*, 19ᵉ année, 1890, p. 555 et suivantes) ; 2° Une loi du 4 décembre 1872 sur les mesures à prendre contre les maladies contagieuses (*Ann. Législ. étrangère*, 2ᵉ année, 1873, p. 441) ; 3° La loi du 19 janvier 1890 (*Annuaire*, 20ᵉ année, 1891, p. 537) portant nomination d'une commission officielle chargée de recueillir des données relatives à la condition matérielle et morale de la classe ouvrière.

(1) Une obligeante communication nous a permis d'avoir sous les yeux la traduction complète d'un acte notarié de cette nature, on trouvera cette traduction en annexe au présent mémoire. Tout est prévu par l'acte : composition du Conseil de régence, nominations ultérieures, mesures à prendre en cas de dissolution de l'œuvre, etc. A noter : 1° la simplicité des formalités à remplir ; *le* ou *les* fondateurs, un notaire, deux témoins ; 2° le chiffre si peu élevé des droits d'enregistrement, 3 florins 60 cents, soit 7 fr. 56 centimes. La fondation une fois faite rentre aussitôt dans l'une des classes d'établissements de bienfaisance visées par l'art. 2 de la loi de 1854.

plano la personnalité civile (1), transcription des immeubles est faite à son nom au bureau des hypothèques ; elle peut acquérir à titre onéreux, recevoir par donation ou testament, vendre, ester en justice, etc. L'acceptation des dons et legs est subordonnée, il est vrai, à l'autorisation royale, mais le gouvernement se borne à examiner : 1° si l'institution légataire jouit de la personnalité civile ; 2° si les dons et legs ont été faits légalement. Ces deux conditions remplies, il ne viendrait jamais à la pensée des représentants du pouvoir central de se substituer à la volonté des bienfaiteurs en refusant l'autorisation demandée.

Remarquons aussi qu'il n'existe aucune restriction en ce qui concerne le nombre, la valeur ou l'étendue des immeubles que les corps moraux peuvent posséder.

La loi laisse de plus les œuvres charitables libres de s'administrer comme elles le jugent convenable. Il y a, sous ce rapport, des divergences marquées suivant les confessions religieuses.

Les catholiques ont groupé de tout temps, auprès des paroisses, des institutions diverses, notamment des bureaux de charité dont les administrateurs sont, en général, nommés par l'évêque ou par les régents avec approbation épiscopale ; le curé en fait partie sans les présider. A Amsterdam, un Comité central, portant le nom de « vieux bureau des pauvres

---

(1) Il n'y a aucune autorisation spéciale à demander pour fonder un hôpital. Il est bien évident toutefois que, si dans un établissement de cette nature les règles élémentaires de l'hygiène étaient méconnues, le bourgmestre et les échevins pourraient intervenir à titre de représentants des services généraux d'hygiène de la cité. Un pareil cas est loin de se présenter, car les établissements modernes réunissent les meilleures conditions de salubrité et de confortable. A Amsterdam, le vaste hôpital catholique en construction, et dont nous avons pu admirer les plans pourra rivaliser avec les asiles similaires de la France et de l'étranger cités comme des modèles. Il comprendra 300 lits sans compter les pavillons d'isolement ; ses fondations reposent sur 4,000 pilotis.

catholiques Romains (Het Roomsch-Catholijk oude armen-kantoor) (1), dirige un grand nombre de fondations affec-tées aux nécessiteux de ce culte; ce n'est point cependant, une règle absolue, et, dans d'autres villes, on peut parfaitement ne pas constater l'existence d'un Comité semblable. Les hôpitaux et hospices catholiques sont habituellement desservis par des sœurs appartenant à des congrégations ayant le plus souvent leur maison-mère en Hollande.

Des diacres choisis par les Consistoires locaux et indéfini-ment rééligibles, au nombre de 7 à 10, en moyenne, admi-nistrent communément les œuvres protestantes (2); des dames de charité se joignent à eux pour la visite des pauvres, les fondations restant régies par leurs statuts particuliers.

Pour les institutions israélites, il faut distinguer entre le rite allemand et le rite portugais (3). Les administrations locales du premier de ces rites sont nommées par les conseils des synagogues auxquels elles rendent leurs comptes, tout en restant indépendantes; les conseils chargés du soulagement des pauvres du rite portugais forment, au contraire, une sub-division de la synagogue elle-même.

Il résulte de ce qui précède, que les œuvres néerlandaises acquièrent sans aucune difficulté la personnalité civile, qu'elles reçoivent sans entraves les dons et legs qui leur sont loyalement faits en conformité des prescriptions du code civil,

(1) Ce comité existait avant 1630 sous le nom de « bourse des catho-liques pauvres. » Armenzorg in Nederland. In opdracht der vereeniging voor de staathuis houdkunde en de statistiek bewerkt door M^r Ph. Fal-kenburg. Amsterdam. J. Müller, 1893, p. 142.

Les cinq premiers fascicules comprenant *Amsterdam* et *Rotterdam* sont seuls publiés jusqu'ici.

(2) Il faut distinguer en Hollande entre les Églises : réformée néer-landaise, wallonne, presbytérienne anglaise, luthérienne évangélique, presbytérienne dite chrétienne réformée, etc.

(3) Les dernières statistiques donnent pour le royaume 92,254 israé-lites du rite allemand et seulement 5,070 du rite portugais.

qu'elles s'administrent librement selon les traditions séculaires des cultes dont elles relèvent. Il n'est point surprenant alors que le nombre de ces œuvres soit fort élevé, c'est ce que nous allons constater.

III

RÉSULTATS OBTENUS.

Dans ses lettres sur la Hollande, publiées en 1841, Xavier Marmier disait (p. 42) : « Tous les calculs d'économie si chers aux Hollandais sont mis de côté dès qu'il s'agit d'une question d'utilité publique ou de charité. Je ne crois pas qu'il y ait dans aucun pays autant de beaux et vastes établissements de bienfaisance, de maisons de refuge pour les pauvres et les orphelins et d'écoles gratuites qu'il y en a dans ce pays, et tous ces établissements ont été fondés et sont entretenus par les particuliers. La religion exerce, à cet égard, sur eux une grande influence. Le peuple hollandais est très attaché à ses croyances, et il ne se contente pas de vénérer les maximes de la Bible et de l'Évangile, il les met en pratique. Chaque hiver, de nouvelles listes de souscriptions pour les pauvres sont répandues de toutes parts, et il n'est pas un bourgeois, un ouvrier même, qui ne se cotise largement et de bon cœur pour secourir ceux qui souffrent..... »

La situation est encore meilleure maintenant qu'à l'époque où Xavier Marmier parcourait les Pays-Pas. Les œuvres affectées au soulagement de la misère y revêtent toutes les formes : institutions pour l'assistance à domicile, sociétés consacrées aux pauvres honteux, comités procurant des aliments, du chauffage, des vêtements durant l'hiver, fondations venant en aide aux femmes indigentes devenues mères, orphelinats, hospices et maisons de retraite ouvrant leurs portes aux vieillards et aux infirmes gratuitement ou moyennant une petite rétribution, hôpitaux, établissements de sourds-muets et d'aveugles, asiles d'aliénés, maisons de travail, colonies agricoles, etc. (1). Ajoutons les monts de piété, les caisses d'épargne ou d'avances aux ouvriers, les caisses qui se chargent des économies faites en été et destinées à subvenir aux besoins de l'hiver (2), les écoles libres et de nombreuses sociétés d'études sociales.

(1) A Amsterdam, on peut signaler parmi les établissements dus à l'initiative des particuliers ou des confessions religieuses : l'hospice catholique Sainte-Élisabeth et le grand orphelinat de filles remontant à 1570 (ces deux établissements sont dirigés par les mêmes régents). L'orphelinat catholique pour garçons fondé en 1700; les établissements Saint-Jacques, Saint-Bernard, Brentano, Vredenburgh, etc. L'orphelinat et l'asile de vieillards qui coûtent annuellement chacun plus de cent mille florins à la communauté protestante réformée; divers orphelinats et hospices appartenant aux autres confessions protestantes. Les orphelinats israélites du rite allemand, créés en 1738 et 1701. L'hospice du rite portugais affecté aux femmes âgées et datant de 1602. En ce qui concerne les fameuses colonies agricoles, inaugurées en 1818 par le général Van den Bosch, leur histoire et leur état actuel, voir notamment : *Ramon de la Sagra ; Voyage en Belgique et en Hollande*, 2 vol. in-8, Paris. Bertrand, 1839. Tome Ier. De Lurieu et Romand. *Études sur les colonies agricoles*, in-8º. Paris. Maison rustique, 1851, p. 13 à 169. Louis Legrand. *Les colonies agricoles de la Société néerlandaise de bienfaisance ;* comptes rendus de l'Académie des sciences morales et politiques, tome 127, 1887, p. 602-620. Conseil municipal de Paris, nº 114; 1890. Rapport présenté par MM. Faillet et G. Berry sur le *Voyage fait en Hollande par une délégation de la Commission de la mendicité professionnelle,* in-4º, 51 p. — *Une mission en Belgique et en Hollande. L'hygiène et l'assistance publiques,* par le docteur Delvaille, in-8º, VII, 234 p. Paris, Société d'éditions scientifiques, 1895.

(2) « Ce sont des associations de particuliers qui recueillent, pendant l'été ou la bonne saison, les petites épargnes hebdomadaires des ouvriers et les leur rendent, avec ou sans intérêt, en argent ou en provisions, au commencement de l'hiver ou de la mauvaise saison. Par l'entremise de

Les statistiques fournissent les chiffres suivants pour les œuvres d'assistance soumises à la loi de 1854.

NATURE DES ŒUVRES.		ANNÉES			
		1854.		1892.	
Institutions pour secours à domicile, pauvres honteux, mères indigentes, ateliers de bienfaisance, assistance par le travail.	Communales et mixtes.	1,275		1,124	
	Religieuses .	2,485	4,145	3,133	4,753
	Privées. . .	385		496	
Maisons de charité ; hospices-hopitaux.	Communales et mixtes.	232		217	
	Religieuses .	291	754	390	856
	Privées. . .	231		249	
Totaux.		4,899	4,899	5,609	5,609

Il est facile de se rendre compte, d'après ces données, que la loi de 1854 a eu pour effet de restreindre le chiffre des institutions communales et d'accroître celui des œuvres dues à l'initiative des confessions religieuses et des particuliers (1).

ces associations, l'ouvrier se procure ses provisions d'hiver à meilleur marché et de meilleure qualité. » (Congrès international de bienfaisance de Bruxelles. Session de 1856, 2 vol. in-8, Bruxelles, 1857. Tome II, p. 83. Notice par M. Baumhauer.

	1854	1892
(1) Institutions communales et mixtes	1.507	1.341
— religieuses et privées	3.392	4.268

Ces chiffres ainsi que ceux relatifs au nombre des personnes secourues et aux dépenses de bienfaisance, sont extraits de l'*Annuaire de statistique des Pays-Bas*, publié en hollandais et en français, par la Commission centrale de statistique, chap. D. Assist pub., tableaux 1 à 12 (in-8°, XXIV, 247 p. La Haye, 1895). Ces résultats sont d'ailleurs un peu approximatifs ; il y a forcément des doubles-emplois et des omissions, car les états fournis par les œuvres, en vertu de la Constitution, ne peuvent être contrôlés par le bureau du Ministère de l'intérieur chargé de les centraliser.

On a secouru, en 1892, 332,304 personnes, savoir :

Directement par les Municipalités. 13,475
Par les Institutions de secours à domicile (1). . . . 209,582
Par les Sociétés pour les pauvres honteux. 30,761
A titre d'accouchées. 4,704
Sous forme de travail 4,894
Sous forme d'admissions dans les hôpitaux, hos-
   pices et maisons de charité. 68,888

Total égal 332,304

L'ensemble des sommes dépensées de ce chef a atteint 14,323,402 florins (soit 30,079,144 fr.) (2). Il est intéressant de noter que la charité ne se lasse pas, et qu'en dehors des collectes, qui couvrent 35 p. 100 du total des dépenses (3), les legs faits aux Institutions diverses de bienfaisance sont

(1) Parmi ces institutions figurent 175 conférences de Saint-Vincent de Paul, composées de 3,014 membres actifs, visitant 8,000 familles Elles établissent et soutiennent des asiles, des écoles, des bibliothèques, des fourneaux, des maisons d'orphelins, des ateliers de travail sans compter une foule d'autres œuvres nées des nécessités locales. Situées dans les villes et même au milieu de paroisses rurales, ces conférences ont dépensé, durant le dernier exercice, 596,275 florins (1,252,000 fr.); elles vont célébrer cette année le cinquantième anniversaire de leur fondation en Hollande.

(2) Ce chiffre ne comprend pas les dépenses des Œuvres qui procurent du travail aux indigents. Au point de vue de la répartition, on obtient les résultats suivants (tabl. n° XI) :

Dépenses faites par :

Les Municipalités directement. . . . . Flor. 1,907,000
Les Bureaux de bienfaisance municipaux et mixtes. . 4,263,000
Les Institutions religieuses. 6,310,000
Les Institutions privées. 1,843,000

(3) Tableau n° XII. Collectes, 35 p. 100 ; subsides, 27,50 p. 100 ; evenus propres, 37,50 p. 100.

en progression constante (1) ; ils forment, de 1878 à 1892, un total de 13,745,795 florins (28,866,000 fr.)

Ces efforts ont amené des résultats excellents. « L'ouvrier néerlandais, disait en 1890 M. le baron d'Anethan (2), est, sans contredit, mieux logé, mieux établi et plus heureux sous tous les rapports que ses semblables d'autres nations. On mendie peu en Hollande (3). Le travailleur possède un

(1) Tableau nº IX.

ANNÉES.	LEGS.		ANNÉES.	LEGS.	
	NOMBRE.	MONTANT.		NOMBRE.	MONTANT.
1878	»	939,586	1886	411	867,601
1879	»	988,763	1887	332	613,910
1880	343	700,810	1888	379	552,224
1881	327	929,204	1889	339	686,491
1882	436	905,754	1890	420	824,209
1883	278	639,229	1891	432	1,051,195
1884	347	1,015,850	1892	425	2,259,744
1885	403	770,215			

(2) *La Réforme sociale*, 2e série, tome X, juillet-décembre 1890, p. 179. Conclusions d'un travail intitulé : La situation ouvrière dans les Pays-Bas.

(3) Nous avons constaté également le nombre infime des mendiants ; il paraît qu'autrefois la situation n'était pas aussi bonne, car le 20 juillet 1833, le consul général de France à Amsterdam, envoyant au ministre des affaires étrangères une traduction du rapport annuel sur la bienfaisance, après avoir énuméré le nombre des asiles ouverts aux malheureux, ajoutait : « Cependant, la mendicité n'est pas entièrement extirpée ; à Amsterdam, les étrangers sont assaillis par des groupes de petits mendiants juifs, qui sont d'une importunité inconnue dans tout autre pays. Ils n'osent guère s'aventurer à demander aux habitants de la ville, qui font d'assez grands services (*sic*) en faveur des pauvres pour avoir le droit de repousser les solliciteurs de la rue. » Archives nationales, série F15, liasse 147. Le Code pénal des Pays-Bas (3 mars 1881) punit la mendicité. Aux termes des articles 432 à 434, les mendiants sont passibles d'une détention de 12 jours ; le fait pour des individus au-dessus

logis plus spacieux, plus gai, mieux aéré et éclairé. Les idées sont plus élevées. A la campagne, il vit à meilleur compte. Il aime à consacrer ses loisirs à la culture de son champ ou d'un petit jardin. Des Sociétés telles que la *Floralia* l'encouragent, par des concours, à cultiver les fleurs qui embellissent son logis, l'y retiennent et l'empêchent de prodiguer ses deniers dans les débits de boissons. »

« Nulle part, ajoute M. René Lavollée, l'artisan et l'ouvrier n'entendent mieux leurs intérêts et ne vivent en meilleure harmonie avec leurs patrons ; nulle part ils n'abusent moins des libertés que la loi leur assure (1). » Aussi l'émigration est-elle faible (2). Enfin, la moralité que l'on cons-

de 16 ans de mendier en troupes (3 personnes au moins) ou la récidive, peut entraîner des pénalités plus graves et l'envoi dans une maison de travail pour une durée de trois ans au maximum. (Code pénal, traduit et annoté par W.-J. Wintgens, in-8°. Paris, Imprimerie nationale, 1883.) *L'Annuaire statistique, ut suprà*, section I, tableau VI, p. 95, donne le

chiffre de 3,268 hommes
et 152 femmes } 3,420

détenus dans les dépôts de mendicité au 1ᵉʳ janvier 1894, et arrêtés sous les préventions de vagabondage et mendicité. Ce nombre, qui varie peu depuis trois ans, présente une légère augmentation comparativement avec la période quinquennale précédente.

(1) *Les classes ouvrières en Europe*, 2ᵉ édition, tome Iᵉʳ, p. 345. L'auteur développe la même pensée p. 366 : « La classe populaire est mal payée en Hollande, et néanmoins la pauvreté y est rare, la misère presque inconnue ; contradiction apparente, qu'expliquent le caractère national, les habitudes laborieuses des ouvriers, la frugalité de leurs mœurs... enfin le bon sens avec lequel ils apprécient leur situation dans l'usine, leur rôle dans la société, les moyens d'améliorer l'une et de grandir l'autre ». Voir également Louis Legrand, ouvrage cité plus haut.

(2)

1885	2,146		1890	3,526
1886	2,024		1891	4,075
1887	5,018		1892	6,290
1888	4,628		1893	4,820
1889	9,111		1894	1,146

(*Annuaire, ut suprà*, p. 18).

tate dans l'ensemble de la population (1) contribue à maintenir le bien-être au sein des familles.

Il ne faudrait néanmoins rien exagérer ; l'harmonie ne règne pas toujours entre les patrons et les manœuvres occupés aux rudes labeurs des grands ports (2). Le socialisme cherche à entamer les masses populaires, et l'on souffre en voyant de nombreuses familles indigentes entassées dans les réduits humides de bien des cités. A Amsterdam, le quartier Jordaan présente à l'œil attristé des ruelles étroites, tortueuses, insalubres. Cette situation tient en partie, il faut le reconnaitre, à l'accroissement rapide des grandes villes, accroissement hors de proportion avec le développement normal de la population du Royaume (3); les

(1) La proportion des enfants naturels au total des naissances (mort-nés compris) s'élève seulement à une moyenne variant entre 3,2 à 3,9 p. 100. (*Annuaire statistique*, tableaux XVI et XVII.)

(2) Netherlands. Report on the evidence taken at Rotterdam, and Amsterdam by the Dutch labour commission. Presented to both houses of Parliament, february 1892. (Foreing office, 1892. Miscellaneous, series n° 220, in-8° 15 p., p. 11.) « Relations between employers and Workmen. There are admittedly unsatisfactory at both ports (Amsterdam and Rotterdam) but more especially at Rotterdam) ». Consulter également : United states consular reports. Labor in Europe, tome II (1885), p. 1288 à 1326.

(3)

ANNÉES.	POPULATION			
	DU ROYAUME.	D'AMSTERDAM.	DE ROTTERDAM.	DE LA HAYE.
1830	2,613,000	202,000	72,000	56,000
1840	2,860,000	211,000	78,000	63,000
1849	3,056,000	224,000	90,000	72,000
1859	3,309,000	243,000	106,000	78,000
1869	3,579,000	264,000	116,000	90.000
1879	4,012,000	317,000	148,000	113,000
1889	4,511,000	408,000	201,000	156,000
1894	4,795,000 (1)	450,000 (2)	234,000 (2)	180,000

(1) Ces derniers chiffres sont calculés d'après les registres de la population.
(2) Il faut observer que l'accroissement du nombre des habitants tient aussi à l'annexion de localités suburbaines qui ne faisaient pas autrefois partie des cités d'Amsterdam et de Rotterdam.

fondations charitables ont été véritablement submergées par cet afflux de gens que le moindre chômage ou la plus légère maladie précipite dans la misère. Il a donc fallu que les municipalités des cités importantes prissent une part de plus en plus grande au soulagement de l'indigence. C'est ainsi qu'à Amsterdam le Corps communal, appliquant fort sagement, avec l'approbation des États députés, le texte des art. 20 et 21 de la loi de 1854, accorde, en cas de nécessité constatée, des secours aux pauvres, alors même qu'ils reçoivent déjà assistance des institutions de leur confession religieuse, du moment bien entendu que cette assistance est reconnue insuffisante.

Un véritable service municipal s'organise, des personnes dévouées ont offert leur concours pour les enquêtes (1).

À une situation anormale il faut des remèdes particuliers, et c'est justement cette crise locale, avec les difficultés momentanées qu'elle entraîne à sa suite, qui a porté quelques philanthropes à saper par la base le régime de la bienfaisance hollandaise en voulant, ainsi que nous allons le voir, faire prédominer l'action communale et même l'action de l'État.

IV

LES CRITIQUES.

La Société d'utilité publique a chargé, en 1890, une commission d'étudier le problème du soulagement des pauvres ;

---

(1) La Municipalité d'Amsterdam a consacré en 1895 plus de 95,000 florins en secours à domicile. En vertu d'un contrat passé avec les Communautés israélites, entré en vigueur le 1er janvier 1889, pour une durée de 10 ans, la ville accorde à la Communauté du rite allemand 65 à 70,000 florins, et à la Communauté du rite portugais 7 à 8,000 florins. Des subsides, sous forme de remboursement de prix de journées de malades susceptibles d'être traités à l'hôpital civil, sont accordés à un établissement protestant, et il en sera de même pour le nouvel hôpital catholique aussitôt qu'il aura ouvert ses portes à la population indigente.

nous analyserons ce travail (1), remarquable à plus d'un titre, il renferme les objections des adversaires du régime en vigueur actuellement, et formule d'une manière précise leur but et leurs aspirations. Ajoutons que tous les membres de cette Société ne partagent point les idées émises par la commission.

Les auteurs du travail déclarent (p. 86) que le soulagement des pauvres est loin d'être satisfaisant, que les malheureux sont quelquefois assistés sans enquête et sans le contrôle nécessaire. Les différentes associations, disent-ils, négligent de fournir les renseignements utiles, elles marchent toutes au hasard (2).

Les personnes au courant de ces questions, continue le rapport (p. 21), savent que l'interprétation de l'art. 21 de la loi des pauvres est variable. Les uns sont d'avis que l'assis-

(1) Het Vraagstuk der Armverzorging, in opdracht van de Maatschappij tot nut van 't algemeen, bewerkt door Mr H. Goeman Borgesius, Mr Hartogh, Mr Blankenberg ; Dr de Dompierre de Chaufepié en Mr Patijn. In-8o, 436 p. Amsterdam, Van Looy en Gerlings, 1895. (*Le Problème du soulagement des Pauvres*, traité par M. M..., sur l'invitation de la Société d'Utilité publique). Ce volume, indépendamment de l'examen do la législation néerlandaise, contient un chapitre (p. 102 à 159) résumant le mode d'assistance dans l'Amérique du Nord et les divers pays d'Europe.

(2) On lit (p. 23 du rapport) : Il n'est donc pas question d'une coopération entre les trois autorités qui doivent concourir au soulagement des pauvres ; en se rendant compte de ce qui a été fait dans ces derniers temps, on acquiert la conviction que par-ci par-là il a été cédé à la pression de l'opinion publique, mais que l'entente n'est ni organisée ni générale. Tantôt il y a commencement d'accord entre les Associations ecclésiastiques et les Œuvres particulières, tantôt entre les unes et les autres de ces sociétés et l'administration communale, mais c'est tout. Et encore la plupart du temps cette entente se borne-t-elle à fournir des renseignements lorsqu'on les demande, à se communiquer les statistiques des sommes dépensées. Les communes où rien n'a été fait sous ce rapport forment la majorité.

tance de la part de l'autorité communale n'est pas admise
quand les pauvres reçoivent déjà l'assistance de l'Église ou
des particuliers ; d'autres pensent qu'il n'y a nulle transgres-
sion de la loi si l'autorité civile accorde des subsides, alors
que les allocations de la charité privée sont reconnues insuf-
fisantes. La Commission signale à ce sujet les divergences
qui existent ; dans certaines localités, on continue à refuser
tout subside du moment que les associations charitables
interviennent ; ailleurs, on s'expose à faire des doubles
emplois, faute de connaître exactement les secours alloués
par les Œuvres (1). Comment admettre, ajoute-t-elle (p. 207),
qu'à l'heure présente les conseils communaux soient en
droit de refuser toute assistance à un malheureux, puissent
légalement le laisser mourir de faim ; « quelle condamnation
plus forte peut-on faire du système actuel. Tout règlement
restera impuissant tant que l'on n'aura pas le courage de
considérer COMME BASE DE LA LÉGISLATION LE DEVOIR DE L'ÉTAT. »

C'est ce principe que les auteurs du rapport s'efforcent de
faire prédominer dans une série d'articles (p. 192 à 200), dont
on peut résumer de la manière suivante les lignes géné-
rales :

Art. 1ᵉʳ. L'autorité est obligée de donner assistance à
tous les indigents qui ne peuvent pas pourvoir à leurs
besoins et à ceux de leur famille, et qui ne sont pas suffisamment soutenus par la charité de l'Église ou des particuliers.

Art. 2. Les Œuvres charitables, religieuses ou privées,
seront autant que possible favorisées par l'autorité.

---

(1) « Cet état de choses est peu favorable, disent les commissaires
(p. 21 *in fine*) à une application uniforme de la loi. Tandis que dans une
commune il arrive qu'un pauvre qui reçoit 1 florin 50 cents de l'administration communale se verra privé de cette allocation parce que plus
tard il recevra 1 florin d'une association religieuse ; dans d'autres municipalités, il cumulera ces deux secours. Les diverses parties du territoire
ne se trouvent donc pas sur un pied d'égalité, et cela donne lieu à de
nombreuses injustices. »

Art. 7. La commune est chargée de l'assistance publique.

Art. 12. En cas de refus d'assistance de la part des autorités communales, appel de la décision peut être fait devant les États-Députés.

Suivent divers règlements, empruntés en partie au système d'Elberfeld (1), ainsi que l'organisation d'un corps d'inspecteurs, nommés par le Gouvernement.

En ce qui touche le régime financier, le projet renferme les propositions ci-après (art. 40-41) : Il sera alloué par l'État des subventions pour l'assistance communale ; l'importance de ces subventions dépendra : 1° des ressources de la commune ; 2° du montant des dépenses communales faites pour secourir les pauvres, et du rapport de ces dépenses avec le chiffre des contributions directes payées par les habitants de la municipalité. Une fraction de ces subsides gouvernementaux, et cela dans une proportion à déterminer, sera supportée par la province (2).

(1) A noter : Art. 3. En donnant assistance de la part de l'autorité, on veillera à ce que les convictions religieuses des personnes secourues soient respectées. Art. 4. On pourra s'indemniser des dépenses faites au moyen de recouvrements sur les biens à venir de l'individu assisté, ou sur ses père, mère, enfants, conjoint, et, dans certaines circonstances, au moyen d'actions intentées aux maîtres ou patrons. Art. 5. Les valides ne seront secourus qu'après avoir fourni un travail. Art. 6. L'administration communale des pauvres et les associations charitables comprises dans la loi auront le droit de demander au juge la destitution de la puissance paternelle en cas de mauvaise conduite des parents ou de négligence grave au point de vue de l'exécution de leurs devoirs envers leurs enfants.

(2) P. 329. Commentaire de l'art. 41. « Il est, d'après la commission, désirable que la province supporte une partie des subventions accordées par l'État, du moment que les États-Députés sont chargés du contrôle, il est utile que la caisse de la province soit en partie responsable de l'augmentation des dépenses. Il n'y a pas lieu de craindre que les États-Députés abusent de leur situation pour diminuer les sommes destinées aux pauvres, surtout quand les administrations publiques n'auront plus la liberté de se débarrasser autant que possible de leur tâche... »

Les commissaires, se rendant parfaitement compte du bouleversement qu'ils veulent introduire dans le fonctionnement de la bienfaisance en Hollande, s'efforcent d'ailleurs, par leurs commentaires des articles du projet de loi, d'en atténuer les conséquences : « S'il faut, disent-ils (p. 183), soumettre la charité au contrôle de l'État, il convient d'agir avec une grande prudence, car, comme toutes les personnes qui se consacrent à l'assistance des malheureux le font volontairement, leur conduite mérite l'admiration..... L'État doit bien se garder de décourager ces auxiliaires dans le combat contre la misère..... »

Nous avouons ne partager nullement les opinions émises par les honorables rapporteurs de la Société d'utilité publique. Il est possible d'améliorer les Œuvres d'assistance des Pays-Bas sans déplacer l'axe même de la législation qui les régit et se mettre ainsi en opposition formelle avec les sentiments séculaires de la Nation (1).

Le Gouvernement néerlandais, par les lois de 1854 et de 1870, a adressé « un appel à la raison du peuple et aux efforts de toutes les administrations ecclésiastiques et privées qui répandent les dons de la charité libre. » Cet appel a été entendu ; il ne nous paraît pas possible de contester que les

---

(1) « En regard de tous ces ferments, dit M. Louis Legrand (*ut suprà*), p. 165, qui travaillent chacun de leur côté à faire progresser les questions sociales, il est nécessaire de parler un peu des dispositions de l'opinion publique. Ces dispositions peuvent se définir d'un mot : elle est naturellement hostile à l'intervention de l'État. Il y a là un instinct qui a pris sa source dans l'esprit fédéraliste et municipal des anciennes Provinces-Unies ; bien qu'atténué aujourd'hui par les progrès d'une centralisation nécessaire, il n'en est pas moins resté profondément enraciné dans le cœur de la nation et il la dirige spontanément. » « L'un des caractères qui m'a le plus frappé en Belgique et en Hollande, ajoute le Dr Delvaille (*ut suprà*, p. 231), c'est l'esprit d'indépendance de l'habitant et le souci de faire quelque chose pour l'amélioration de son sort, au lieu d'en faire remonter l'initiative à l'État. »

Œuvres d'assistance et de prévoyance ont, depuis 50 ans, pris en Hollande un accroissement admirable, et que, d'une manière générale, la condition des classes populaires s'est améliorée.

Actuellement les critiques, justes sur certains points, qui peuvent être formulées, s'appliquent à un état de choses transitoire, dû, nous l'avons dit plus haut, à l'augmentation rapide, excessive, des grands centres. La bienfaisance privée, malgré toute sa bonne volonté, a été débordée par cet exode de familles, à la recherche de gros salaires, sans attaches dans les cités où elles venaient s'établir, alors que bon nombre de petites localités voyaient leurs ressources charitables dépasser les besoins d'une population réduite en raison de cette émigration à l'intérieur.

Toutes les Municipalités n'ont peut-être pas compris de suite les devoirs nouveaux qui leur incombaient de ce chef. Quand l'on voit Rotterdam passer, en un demi-siècle, de 78,000 à 234,000 habitants, il est évident que des besoins immenses sont créés. Il est donc nécessaire que les collèges communaux de ces cités, sans cesse grandissantes, s'appuyant sur l'esprit de l'art. 21 de la loi, augmentent leurs moyens d'action et prélèvent sur l'ensemble de leurs ressources des sommes de plus en plus importantes consacrées à des secours directs, à des fondations d'asiles, à des subventions momentanées aux Œuvres particulières, afin de leur permettre de ne pas sombrer au milieu de la tourmente et d'arriver, grâce aux sacrifices des cœurs dévoués, à surmonter les difficultés d'une situation amenée par la force même des circonstances.

Il y a là d'ailleurs une masse d'individus, venus un peu de partout, ayant cessé quelquefois d'appartenir à un culte déterminé, pour lesquels l'assistance communale est une nécessité.

Que les Municipalités utilisent alors les avantages que présente le système d'Elberfeld, rien de mieux ; qu'elles mul-

tiplient les modes de secours par le travail, rien n'est plus
désirable. Mais est-il utile, pour atteindre ces résultats, de
promulguer des lois nouvelles, consacrant le droit à l'assistance et aboutissant en réalité à la charité légale. Cette charité légale, dont jadis un des orateurs du Parlement néerlandais ne craignait pas de dénoncer les funestes effets, en les
comparant à ceux du chancre qui ronge l'organisme où il a
réussi à s'introduire (1). Nous n'hésitons pas à répondre que
la législation actuelle permet toutes les améliorations nécessaires et qu'il n'y a nul besoin d'innover sous ce rapport.

A un autre point de vue, indépendamment de ses efforts
constants, la charité privée a l'impérieux devoir de s'éclairer
et de se fortifier par une union intime des diverses Œuvres.
On n'agit point au milieu d'une agglomération de
200,000 âmes comme dans une ville en renfermant 25 ou
30 mille. Les administrations libres ne peuvent plus aussi
facilement que par le passé connaitre leurs protégés, exercer
sur eux un patronage efficace, éviter les fraudes et les abus
inhérents à toute grande réunion d'hommes. Ces institutions
doivent recourir aux Sociétés dites : *Sociétés pour l'organisation de la charité*, dont l'essor est si remarquable en
Angleterre et aux États-Unis.

Ces Sociétés ont grandi à Londres, à New-York, à Boston,
sous l'empire des faits que l'on peut constater à Amsterdam,
à Rotterdam, à La Haye. Il nous paraît superflu d'insister sur
leur manière de fonctionner, elle est suffisamment connue,
nous devons nous réjouir du reste d'avoir vu M. Léon
Lefébure, cet ancien député de l'Alsace, qui possède une si
rare intelligence des questions sociales contemporaines, im-
planter à Paris l'*Office central des Institutions de bienfaisance*.

Il est indispensable, il est urgent que les promoteurs de
l'assistance aux Pays-Bas fondent, eux aussi, des sociétés

____

(1) Cité par Walter Sendall (*ut suprà*, p. 25) « ... The principle namely
of legal charity, which is a canker in a state. »

similaires. Ils triompheront à l'aide de ce moyen des difficultés réelles amenées, nous le répétons, par l'accroissement exagéré de quelques-unes de leurs cités ; ils décupleront le pouvoir de la bienfaisance privée en l'appliquant avec plus de discernement, et répondront ainsi par leurs actes aux détracteurs de cette liberté de la charité, qui constitue la meilleure sauvegarde des intérêts véritables de la classe indigente.

ANNEXE.

TRADUCTION D'UN ACTE DE FONDATION CHARITABLE.

Le ..... ont comparu devant moi ..... notaire, résidant à .....
et en présence des témoins dénommés ci-après, M. ..... et M. .....
tous deux domiciliés à ....., bien connus de moi, notaire soussigné.

Les comparants, considérant qu'émus du sort de beaucoup de jeunes
garçons négligés et abandonnés, ils ont, depuis plusieurs années, essayé
de pourvoir aux besoins matériels et à l'éducation d'enfants appartenant
à la catégorie ci-dessus, en mettant à la disposition de personnes ca-
pables des terres à ..... leur appartenant; lesquelles personnes ont
fondé sur ces terres, avec le meilleur succès, une colonie agricole où
déjà de nombreux garçons ont été élevés en vue de devenir des membres
utiles de la société.

Que, désirant assurer l'avenir de cet établissement, ils affectent et
destinent à cet objet divers capitaux leur appartenant également et les
biens immobiliers ci-dessous désignés pour établir la fondation. *(Suit la
désignation des biens...)*

Les comparants déclarent en même temps vouloir arrêter, comme ils
arrêtent par les présentes, les statuts de leur fondation.

ARTICLE PREMIER. — L'institution portera le nom de fondation .....
elle aura son siège à .....

ART. 2. — La fondation aura pour objet de pourvoir aux besoins
matériels et spirituels de jeunes garçons pauvres ou abandonnés et de
leur donner l'instruction primaire, le tout d'après la doctrine de l'Église
catholique romaine et à cette fin :

1° De procurer des bâtiments et autres moyens matériels ;

En général à l'usage de personnes ou d'institutions néerlandaises, à
désigner par le Conseil d'administration de la fondation et s'occupant

d'une pareille éducation, soit qu'elles reçoivent une indemnité sous forme d'une légère rétribution scolaire ou d'une petite pension alimentaire, soit qu'elles agissent gratuitement et pour l'amour de Dieu.

En particulier et en premier lieu pour subvenir aux besoins de l'établissement existant sous le nom de colonie agricole de ....., situé à ....., province de ..... ;

2° De s'occuper directement, autant que la loi le permettra, de l'éducation et de l'instruction des enfants, et d'appliquer dans ce but les ressources de la fondation.

La conduite à suivre et les conditions à remplir seront arrêtées par le Conseil d'administration de la fondation et pourront être modifiées éventuellement.

Le Conseil aura en tout temps la faculté de retirer à une institution quelconque les bâtiments et les moyens matériels qui lui auraient été attribués dès qu'il le jugera nécessaire ; pareille mesure pourra être prise par suite de l'exécution du projet mentionné sous le n° 2.

ART. 3. — Les fondateurs nomment par les présentes, administrateurs de leur fondation, MM. . ..., domiciliés à ....., bien connus du notaire soussigné. (Les personnes désignées qui sont présentes déclarent accepter ; les absents sont remplacés, à cet effet, par des mandataires.)

A l'avenir, le Conseil d'administration se composera d'au moins cinq membres qui tous devront professer la religion catholique romaine ; il représentera la fondation, fera toute convention, engagera la fondation envers les tiers et les tiers envers elle. Il disposera des revenus et des biens et aura droit d'acheter, aliéner, hypothéquer.

ART. 4. — Les membres du Conseil d'administration se distribueront les fonctions et choisiront parmi eux-mêmes un président, un vice-président, un secrétaire et un trésorier.

Les fonctions et attributions des membres du Conseil, le nombre et l'ordre des assemblées feront l'objet d'un règlement intérieur.

Tous les membres de ce Conseil rempliront leurs fonctions pour l'amour de Dieu, c'est-à-dire gratuitement.

ART. 5. — Le Président sera chargé de l'exécution de toutes les résolutions du Conseil, il signera tous actes et engagements au nom de la fondation. A son défaut, il sera remplacé par le vice-président ou de la manière fixée par le règlement intérieur.

ART. 6. — L'assemblée n'aura le droit de prendre des décisions que lorsqu'elle comprendra la moitié plus un des membres du Conseil Les résolutions devront être adoptées à la majorité absolue des membres présents.

ART. 7. — La nomination de nouveaux membres du Conseil, soit pour en augmenter le nombre, soit pour le compléter en cas de places vacantes, devra être faite par le Conseil lui-même à la majorité absolue des voix de tous les membres en fonctions. Aucune nomination de membres nouveaux ne sera cependant valable qu'après avoir été approuvée par Sa Grandeur Mgr l'Évêque de ..... ou son remplaçant, nommé par l'autorité ecclésiastique compétente (1). Avant de prendre séance, les membres nouvellement nommés devront signer une copie des statuts auxquels ils auront à se conformer dans l'exercice de leurs fonctions. Les copies ainsi signées seront conservés aux archives.

ART. 8. — Au cas où un membre du Conseil, soit par suite de son établissement dans un autre pays, soit pour cause de maladie ou de vieillesse, serait estimé ne plus pouvoir donner tous ses soins aux intérêts de la fondation, — lorsque, en raison de toute autre circonstance ou d'actes de sa part, sa présence au sein du Conseil ne paraîtrait plus désirable, — le Président ou au moins deux membres pourraient faire la proposition de pourvoir à son remplacement.

Une proposition de cette nature devra être discutée dans une assemblée convoquée *ad hoc* et elle ne sera considérée comme acceptée qu'après avoir obtenu l'approbation d'au moins les trois cinquièmes des membres du Conseil d'administration. Une fois la proposition votée, le membre dont il s'agit cessera de faire partie du Conseil, notification de cette résolution lui étant faite aussitôt par écrit.

ART. 9. — On emploiera à l'entretien de la fondation les revenus de ses biens propres et, éventuellement, les pensions alimentaires et les ré-

---

(1) En vue d'abréger, cette formule qui reparaît souvent dans le texte de l'acte sera à l'avenir remplacée par ces simples mots: « Mgr l'évêque de... »

tributions scolaires des élèves ; les contributions volontaires et les offrandes des personnes charitables.

Le Conseil se chargera de placer à intérêt les fonds dont la caisse de la fondation n'aurait pas un besoin immédiat ou dont le placement serait jugé nécessaire.

ART. 10. — L'exercice commencera le 1er janvier pour prendre fin le 31 décembre. Chaque année, avant le 1er mars, les comptes administratifs et financiers de l'année écoulée, et, avant le 1er novembre, le budget de l'exercice suivant, seront présentés au Conseil par le trésorier. Ces comptes et budgets une fois examinés et arrêtés par le Conseil seront soumis à l'approbation de Mgr l'Évêque de ..... L'approbation du compte financier servira de décharge au trésorier et au président pour leur administration durant l'exercice clos.

ART. 11. — Ces statuts pourront être modifiés par le Conseil d'administration quand le besoin s'en fera sentir, sans que, toutefois, rien puisse être changé en ce qui concerne le but de la fondation.

Au cas où une modification quelconque aux statuts serait proposée, une décision ne pourra d'ailleurs être prise qu'après que tous les membres du Conseil auront eu connaissance de la proposition. Toute modification, pour être valable, devra obtenir l'adhésion d'au moins les trois cinquièmes des membres et être approuvée par Mgr l'Évêque.....

ART. 12. — Convaincus qu'il est impossible de prévoir ce que l'avenir amènera, et des circonstances ultérieures pouvant rendre moins utile le but qu'ils se proposent en établissant cette fondation, les fondateurs comparants donnent par les présentes, au Conseil d'administration, la faculté de la dissoudre.

La dissolution devra être votée à l'unanimité de tous les membres du Conseil. Ce vote ne sera valable qu'après approbation de Mgr l'Évêque de ..... ; les capitaux lui seront remis afin qu'il leur donne une destination se rapprochant autant que possible de l'esprit de la présente fondation.

Et déclarent les comparants fonder de la manière susdite et avec les statuts ci-dessus l'institution ..... et autoriser M. ....., notaire, demeurant à ..... à approuver et délivrer un extrait du présent acte aux fins d'insertion dans les registres publics.

Pour l'exécution des présentes, tous ont élu domicile ....., dont acte en minute fait et passé en présence de MM. ..... témoins.

Immédiatement après lecture, ont signé les fondateurs avec les témoins et moi, notaire .....

Enregistré à ....., le ....., vol. .., f° .., quatre rôles, deux renvois.

Reçu pour droits : de fondation, florins 1,20 ; de nomination du Conseil d'administration, florins 1,20 ; de procuration, florins 1,20. Total : florins 3,60 (sept francs, cinquante-six centimes).

Classé parmi les administrations désignées dans l'art. 2, § C, de la loi des pauvres, suivant lettre du ..., n° .., émanant du Collège échevinal de .....

PRINCIPAUX OUVRAGES DU MÊME AUTEUR

I. **Les quêtes à domicile.** Brochure in-8º, 16 p. Paris, 1873.

II. **Étude sur la nomination des commissions administratives des établissements de bienfaisance,** in-8º, 60 p. Paris, avril 1877.

III. **Histoire de la charité à Rome,** in-8º, VIII-584. Paris, 1878 (*épuisé*).

IV. **La question des enfants abandonnés et délaissés au XIXᵉ siècle** (extrait d'un mémoire couronné par l'Académie des sciences morales et politiques), in-8º, VI-236 p. Paris, A. Picard-Guillaumin, 1885 (*épuisé*).

V. **Histoire des enfants abandonnés et délaissés.** Études sur la protection de l'enfance aux diverses époques de la civilisation. (ouvrage couronné par l'Académie des sciences morales et politiques), in-8º, VII-791 p. Paris, A. Picard et Guillaumin, 1885 (*épuisé*).

VI. **De l'assistance des classes rurales au XIXᵉ siècle** (conclusions d'un mémoire couronné par l'Académie des sciences morales et politiques), in-8º, II-162 p. Paris, A. Picard et Guillaumin, 1889.

VII. **De l'organisation du travail dans les prisons cellulaires belges** (Lecture faite à l'Académie dess sciences morales et politiques, Institut de France), le 25 août 1888. In-8º 18 p. Paris, A. Picard, 1889.

VIII. **Les grands problèmes sociaux à l'Académie royale des sciences morales et politiques d'Espagne** (Lecture faite à l'Académie des sciences morales et politiques, Institut de France), le 22 juin 1889. In-8º, 32 p. Paris, A. Picard, 1889.

IX. **Loi du 24 juillet 1889 sur la protection des enfants maltraités ou moralement abandonnés.** Notice et notes, in-8º, 20 p. Paris, 1890 (Extrait de l'Annuaire français de la Société de législation comparée).

X. **Un péril social.** L'introduction de la charité légale en France. (Communication faite, le 10 novembre 1890, à la Société d'Économie sociale), in-8º, 30 p. Paris, 1891. (Extrait de la *Réforme sociale.*)

XI. **L'office central des institutions charitables,** in-8, 20 p. Paris, 1891. (Communication faite le 14 mars 1891 au groupe bordelais des Unions de la paix sociale.)

XII. **Les Congrès nationaux d'assistance aux États-Unis** (Lecture faite à l'Académie des sciences morales et politiques, Institut de France), le 23 février 1895. In 8º, 22 p. Paris, A. Picard, 1895.

XIII. **De l'organisation de la bienfaisance publique et privée dans les campagnes au XVIIIᵉ siècle,** in-8º, 52 p. Châlons-sur-Marne. Thouille, 1895 (Extrait des mémoires de la Société d'agriculture, commerce, sciences et arts du département de la Marne, année 1894.)

XIV. **L'assistance médicale au XVIIIᵉ siècle,** in-8º, 22 p. Paris, imprimerie nationale, 1895 (Extrait du Bulletin des sciences économiques et sociales du Comité des travaux historiques et scientifiques).

XV. **Les associations charitables dans la province de Québec** (Canada). (Lecture faite à l'Académie des sciences morales et politiques, Institut de France), le 7 mars 1896, in-8º, 13 p. Paris, A. Picard, 1896.

Orléans. — Imp. Paul PIGELET

9 782019 280499

ABUS & UTILTÉS DES SAIGNÉES

DANS LE

TRAITEMENT DES MALADIES

DES

HOMMES DU VILLAGE,

PAR

DELOFFRE,

Médecin Officier de santé, à Laventie,

Terminé par un résumé des qualités que doit avoir un
médecin, et par l'opinion de M. Adelon, Président,
sur l'exercice des Médecins Officiers de santé.

WAZEMMES,

Imprimerie de HOREMANS, Libraire, rue de Lille, 130.

1851.

Te 10/119

ABUS & UTILITÉS DES SAIGNÉES

DANS LE

TRAITEMENT DES MALADIES

DES

HOMMES DU VILLAGE,

PAR

DELOFFRE,

Médecin Officier de santé, à Laventie,

Terminé par un résumé des qualités que doit avoir un médecin,
et par l'opinion de M. Adelon, Président, sur l'exercice
des Médecins Officiers de Santé.

WAZEMMES,

Imprimerie de HOREMANS, Libraire, rue de Lille, 130.

1851.

LE PHLÉBOTOMISTE RUSTIQUE ressemble souvent au présomptueux de l'évangile, qui se croit libre de tout, et être arrivé au sommet de la perfection chrétienne, parcequ'il a, dès sa jeunesse, observé en gros tous les commandements de Dieu.